CB030430

VOCÊ É O QUE PENSA

Coordenadora editorial *Francine C. Silva*

Tradução *Dante Luiz*

Preparação *Rafael Bisoffi*

Revisão *Talita Grass*
Silvia Yumi FK

Capa *Renato Klisman - @rkeditorial*

Projeto gráfico e diagramação *Bárbara Rodrigues*

Tipografia *Adobe Caslon Pro*

Impressão *PlenaPrint*

Dados Internacionais de Catalogação na Publicação (CIP)
Angélica Ilacqua CRB-8/7057

A427v Allen, James, 1864-1912.
Você é o que pensa / James Allen ; tradução Dante Luiz.
— São Paulo : Excelsior, 2024.
112 p.

Bibliografia
ISBN 978-65-85849-83-8
Título original: *As a man thinketh*

1. Autoajuda 2. Pensamento novo I. Título II. Luiz, Dante

24-5441 CDD 158.1

JAMES ALLEN
AUTOR BEST-SELLER MUNDIAL

VOCÊ *é o que* PENSA

AUTOCONTROLE É FORÇA
CALMA É PODER

São Paulo
2024

EXCELSIOR
BOOK ONE

A Mente é a Força mestra que faz;
O Humano, sendo Mente, é capaz,
Da fonte do Pensar, gerar mil penas
Ou então mil alegrias apenas:
— Silente pensa, eis que manifesta;
O entorno — só espelho — não contesta.

CONTEÚDO

PREFÁCIO

Eles mesmos são os
criadores de si mesmos.

Este pequeno volume (resultado de meditação e experiência) não tem a intenção de ser um tratado exaustivo sobre o poder do pensamento, assunto sobre o qual muito já foi escrito. É mais sugestivo do que explicativo, seu interesse é estimular homens e mulheres na descoberta e percepção da verdade que — por virtude dos pensamentos que escolhem e encorajam; que a mente é a tecelã-mestra, tanto da vestimenta interna do caráter e da vestimenta externa da circunstância, e que, como podem ter tecido até aqui em ignorância e dor, podem agora tecer em iluminação e felicidade.

— James Allen
Avenida Broad Park, Ilfracombe, Inglaterra

capítulo 01

PENSAMENTO E CARÁTER

*Um ser humano é literalmente
o que pensa, seu caráter é a
soma completa de todos
seus pensamentos.*

PENSAMENTO E CARÁTER

O aforismo conforme um ser humano pensa, assim será seu coração não só abrange a totalidade do que um ser humano é, mas é algo tão amplo que consegue atingir cada condição e circunstância da vida. Um ser humano é literalmente *o que pensa*, seu caráter é a soma completa de todos seus pensamentos.

Assim como a planta brota da semente, e não poderia existir sem ela, cada ato de um ser humano brota das sementes escondidas do pensamento, e não poderia ter aparecido sem elas. Isto se aplica igualmente aos atos considerados espontâneos ou não premeditados, assim como aqueles que são executados deliberadamente.

O ato é a flor do pensamento, e a alegria e o sofrimento são seus frutos; assim, então, o ser humano acumula a doce e amarga frutificação da própria agricultura.

O pensamento na mente elabora
e constrói tudo o que somos,
Se a mente de um ser humano
alimenta maus pensamentos,
A dor o segue como a carroça
atrás de um boi. Mas se persistir
a pureza do pensamento, Alegria o
seguirá como a própria sombra.

O ser humano é um crescimento por lei, e não uma criação por artifício, e a causa e o efeito são tão absolutos e inalteráveis no reino oculto do pensamento quanto no mundo das coisas visíveis e dos bens materiais. Um caráter nobre e semelhante a Deus não é uma questão de favor ou acaso, mas sim o resultado natural do esforço contínuo do pensamento correto, efeito da associação há muito acalentada com pensamentos semelhantes a Deus. Um caráter ignorante e grosseiro, da mesma forma, é o resultado de uma mente que nutre contínuos pensamentos ruins.

O ser humano é feito ou desfeito por si mesmo; no arsenal dos pensamentos, ele forja as armas pelas quais se destrói; também cria as ferramentas com as quais constrói para si mesmo mansões sublimes de alegria e força e paz. Pela escolha certa e a aplicação verdadeira do pensamento, o ser humano ascende à Perfeição Divina; pelo abuso e a aplicação errada do pensamento, descende à animalidade. Entre esses dois extremos, há todos os tipos de caráter, e o ser humano, mestre e criador, a todos pode forjar.

De todas as belas verdades pertencentes à alma que foram recuperadas e trazidas à luz nesta era, nenhuma é mais alegre e digna de promessa e confiança divina do que esta: que o ser humano é o mestre do pensamento, o moldador do caráter, e modelador de toda condição, ambiente e destino.

Como um ser de Poder, Inteligência e Amor, e mestre de seus próprios pensamentos, o ser humano carrega consigo a chave de todas as situações e contém dentro de si o agente transformador e regenerativo através do qual é capaz de se tornar tudo o que bem desejar.

O ser humano é sempre mestre, mesmo em seu mais fraco estado de abandono; mas em sua fraqueza e degradação, ele é o mestre tolo que governa mal o seu lar. Quando ele reflete a respeito da própria condição, e começa a procurar diligentemente a Lei que define seu ser, ele se torna um mestre sábio, direcionando assim toda sua energia com inteligência e moldando seus pensamentos para negócios frutíferos. Assim se forma o mestre *consciente*, e só alcança esse estado o ser humano que busca dentro de si as leis do pensamento; tal descoberta, assim, é uma questão de esforço, autoanálise e experiência.

Somente através de muita busca e escavação é que se obtém o ouro e o diamante, e o ser humano pode encontrar todas as verdades relacionadas a seu ser, se cavar fundo na mina da própria alma; e descobrir que ele é o criador de seu caráter, o moldador de sua vida, e o construtor de seu destino; ele pode provar infalivelmente, se observar, controlar e alterar seus pensamentos, traçando seus efeitos sobre si mesmo, sobre os outros, e sobre suas circunstâncias de vida, ligando causa e efeito por meio de investigação prática e paciente, e utilizando todas suas experiências, mesmo as mais cotidianas e triviais, como meio de obter aquele conhecimento de si mesmo que é Compreensão, Sabedoria, Poder. Nessa direção, como em nenhuma outra, é absoluta a lei de que aquele que procura, encontra; e aquele que bater à porta, ser-lhe-á aberta, pois só através da paciência, prática e insistência incessante um ser humano pode entrar pela Porta do Templo do Conhecimento.

O ser humano é feito ou desfeito por si mesmo; no arsenal dos pensamentos, ele forja as armas pelas quais se destrói; também cria as ferramentas com as quais constrói para si mesmo mansões sublimes de alegria e força e paz.

capítulo 02

O EFEITO DO PENSAMENTO NAS CIRCUNSTÂNCIAS

Pensamento e caráter são um só, e como o caráter só pode se descobrir através do ambiente em que se vive, as condições externas da vida de um ser humano sempre estarão relacionadas a seu estado interno.

O EFEITO DO PENSAMENTO NAS CIRCUNSTÂNCIAS

A mente do ser humano é como um jardim, que pode ser cultivado de forma inteligente ou crescer sem cuidado algum, mas seja ele cultivado ou negligenciado, ele deve, e vai, produzir. Se nenhuma semente útil for plantada, então uma abundância de ervas-daninhas ali crescerão, e continuarão a multiplicar-se.

Assim como um jardineiro cuida de seu terreno, podando as eventuais ervas-daninhas e cultivando as flores e frutas de que necessita, o ser humano também pode cuidar do jardim de sua mente, eliminando todos os pensamentos errados, inúteis e impuros, e cultivando, em direção à perfeição, as flores e frutos de pensamentos corretos, úteis e puros. Ao seguir esse processo, o ser humano, mais cedo ou mais tarde, descobre que é o mestre-jardineiro de sua alma, diretor de sua vida. Ele também revela, dentro de si mesmo, as leis do pensamento, e entende, com crescente precisão, como as forças do pensamento e os elementos da mente operam na formação de seu caráter, circunstâncias e destino.

Pensamento e caráter são um só, e como o caráter só pode se descobrir através do ambiente em que se vive, as condições externas da vida de um ser humano sempre estarão relacionadas a seu estado interno. Isso não significa que as circunstâncias de um ser humano em um determinado momento sejam uma indicação de seu caráter, mas que essas circunstâncias estão intimamente ligadas a algum elemento dentro dele que, por enquanto, são indispensáveis ao seu desenvolvimento.

Cada ser humano está onde está pela lei do seu próprio ser; os pensamentos aos quais incorporou em seu caráter o levaram para onde se encontra, e, no arranjo da vida, não há elemento do acaso, tudo é resultado de uma lei interna que jamais pode errar. Isto é tão verdadeiro para aqueles que sentem-se fora de seu elemento quanto aqueles que estão satisfeitos com o ambiente em que vivem.

Como um ser progressivo e em constante evolução, o ser humano está onde está para crescer e aprender, e, à medida que ele aprende a lição espiritual de que qualquer circunstância em que se encontre está a serviço dele, ela desaparece e dá lugar a novas circunstâncias.

Um ser humano se torna vítima das circunstâncias quando acredita ser uma criatura de condições externas, entretanto, quando percebe que é uma força criadora, e que pode comandar o solo oculto e cultivar as sementes do seu ser a partir das quais as circunstâncias crescem, ele se torna o legítimo mestre de si mesmo.

Todo ser humano que praticou o autocontrole e a autopurificação sabe que as circunstâncias surgem do pensamento, pois terá notado que a alteração em suas circunstâncias foram diretamente proporcionais a sua condição mental alterada. Isto é tão verdadeiro que, quando um ser humano verdadeiramente se esforça para remediar os defeitos no próprio caráter, ele rapidamente passa por uma sucessão de vicissitudes.

A alma atrai tudo que secretamente anseia; aquilo que ama e também aquilo que teme; atinge o auge de todas aspirações mais queridas, e cai ao nível de seus desejos mais implacáveis — e as circunstâncias são os meios pelos quais a alma recebe os próprios desejos.

Cada semente-pensamento semeada ou deixada cair no solo da mente para ali criar raízes gera sua própria produção, florescendo mais cedo ou mais tarde em ação, e produzindo seus próprios frutos de oportunidade e circunstância. Bons pensamentos dão bons frutos, pensamentos podres dão frutos podres.

O EFEITO DO PENSAMENTO NAS CIRCUNSTÂNCIAS

O mundo exterior à circunstância molda--se ao mundo interior do pensamento, e tanto condições externas agradáveis quanto condições externas desagradáveis são fatores que contribuem para o bem do indivíduo. Como ceifador da própria colheita, o ser humano aprende tanto através do sofrimento quanto do bem-estar.

Seguindo os desejos, aspirações e pensamentos mais íntimos, pelos quais se deixa dominar (perseguindo o fogo-fátuo da imaginação impura, ou percorrendo firmemente a estrada do esforço bem-intencionado), o ser humano finalmente chega aos frutos e às realizações nas condições externas da própria vida. As leis do crescimento e da melhora sempre prevalecem.

Um ser humano não chega ao asilo ou à cadeia através da tirania do destino ou das circunstâncias, mas através do caminho de pensamentos negativos e desejos vis. Um ser humano de mente pura nunca cai repentinamente no crime por estresse de qualquer mera força externa; o pensamento criminoso há muito havia sido cultivado, em segredo, em seu coração; a oportunidade por fim revelou seu poder. As circunstâncias não fazem o ser humano, e sim revela-o a si mesmo. Não podem existir condições tais quais como cair no vício e os sofrimentos que o acompanhem, independentemente das inclinações viciosas, ou ascender à virtude e à mais pura felicidade sem o cultivo contínuo de aspirações virtuosas; e o ser humano, portanto, como mestre e senhor do pensamento, é o criador de si mesmo, o artesão e autor de si mesmo e do ambiente em que vive. A alma, mesmo ao nascer, a cada passo em sua peregrinação terrena, atrai todas as combinações de condições que se revelam para si, como reflexos da própria pureza ou impureza, da sua força ou fraqueza.

Os homens não atraem aquilo que *querem*, mas sim o que *são*. Seus caprichos, gostos, e ambições sempre encontrarão obstáculos, mas seus pensamentos e desejos mais íntimos são alimentados por eles mesmos, sejam eles bons ou ruins. A divindade que molda nossos fins está em nós mesmos; é o nosso próprio eu. O ser humano só pode ser algemado por si mesmo: o pensamento e a atitude são os verdadeiros carcereiros do Destino — eles aprisionam, se são vis; eles libertam, se são nobres. O ser humano não consegue o que deseja só por orações, mas o ganha de forma justa. Seus desejos e orações só são atendidos quando se harmonizam com seus pensamentos e atitudes.

Sendo isso verdade, qual é então o significado de lutar contra as circunstâncias?

Isso significa que o ser humano está se revoltando contra o *efeito externo*, enquanto o tempo todo ele nutre e preserva a causa em seu coração. Essa causa pode assumir a forma de um vício consciente ou de uma fraqueza inconsciente; mas seja o que for, retarda obstinadamente os esforços de quem os possui e, portanto, clama em voz alta por uma cura.

Seres humanos ficam ansiosos para melhorar suas circunstâncias, mas não estão dispostos a melhorar a si próprios; eles, portanto, permanecem vinculados. O ser humano que não se rende à autocrucificação nunca deixará de realizar os desejos em seu coração. Isso é tão verdadeiro para as coisas terrenas quanto para as coisas celestiais. Mesmo o ser humano cujo único objetivo é adquirir riqueza deve estar preparado para fazer grandes sacrifícios pessoais antes de realizar seus objetivos; e quanto mais poderá alcançar com uma vida forte e bem equilibrada?

Veja, por exemplo, esta pessoa miseravelmente pobre. Ela nutre extrema ansiedade para que suas circunstâncias externas sejam melhoradas, mas se esquiva do trabalho o tempo todo, e considera que tem razão em tentar enganar seu empregador com base na insuficiência de seu salário. Tal pessoa não compreende os mais simples princípios que formam a base da verdadeira prosperidade, e não só está totalmente incapacitada para sair de sua miséria como, na verdade, está atraindo para si uma miséria ainda mais profunda ao viver e agir de acordo com pensamentos indolentes, enganosos e pouco corajosos.

Agora, veja, por exemplo, essa pessoa rica que é vítima de uma doença dolorosa e persistente graças à própria gula. Ela está disposta a gastar enormes quantias de dinheiro para curar-se da doença, mas não sacrificará seus próprios desejos glutões. Ela quer satisfazer seu gosto por iguarias ricas e artificiais, mas também quer ter saúde. Tal pessoa é completamente incapaz de ter saúde, porque ainda não entendeu os princípios básicos de uma vida saudável.

Veja também esse empregador de mão de obra que adota medidas desonestas para evitar o pagamento do salário de seu empregado e, na esperança de obter lucros maiores, reduz o salário de seus trabalhadores. Tal empregador é incapaz de prosperar e, quando se vê falido, tanto no que diz à reputação quanto à riqueza, culpa as circunstâncias, sem saber que ele mesmo é o artífice da sua própria condição.

Introduzi esses três casos meramente ilustrativos da afirmação de que o ser humano é causador (embora quase sempre o seja inconscientemente) das suas próprias circunstâncias, e de que, embora almeje por bons resultados, autossabota-se ao encorajar pensamentos e desejos que não se harmonizam com bons resultados. Tais casos poderiam ser multiplicados e variados quase indefinidamente, mas isso não será necessário, pois o leitor pode, se assim quiser, traçar uma ação pelas leis do pensamento em sua própria mente e vida, e até que isso seja feito, fatores externos não servirão como justificativa.

Circunstâncias, porém, são tão complicadas, o pensamento está tão profundamente enraizado e as condições para alcançar a felicidade variam tanto de acordo com cada indivíduo, que a alma de um ser humano (embora possa ser conhecida por si mesmo) não pode ser julgada por outro indivíduo apenas pelas suas circunstâncias externas. Um ser humano pode ser honesto em certas áreas, mas sofrer diversas privações; um ser humano pode ser desonesto mas, ainda assim, adquirir riqueza; entretanto a conclusão geralmente de que um ser humano falha *graças à sua honestidade*, e de que o outro *prospera graças à sua desonestidade*, é resultado de um julgamento superficial, que pressupõe que o ser humano desonesto é quase totalmente corrupto, e o ser humano honesto é quase inteiramente virtuoso. Tendo em vista um conhecimento mais profundo e uma experiência mais ampla, tal julgamento é considerado errôneo. O ser humano desonesto pode ter virtudes admiráveis, enquanto o ser humano honesto pode ter vícios desagradáveis que estão ausentes no outro. O ser humano honesto colhe os bons frutos de seus pensamentos e atos honestos; ele também traz sobre si os sofrimentos que seus vícios produzem. O ser humano desonesto, da mesma forma, também é capaz de acumular tanto sofrimento quanto felicidade.

É agradável à vaidade humana acreditar que se sofre por causa da própria virtude; mas só depois de extirpar de si todo pensamento doentio, amargo e impuro, e lavar toda mancha pecaminosa de sua alma, que o ser humano está na posição de saber e declarar que seus sofrimentos são resultado do seu bem, e não só de seus defeitos; e no caminho, ainda muito antes de tê-la alcançado, para essa perfeição suprema, ele terá encontrado, trabalhando tanto sua mente e vida, a Grande Lei que é absolutamente justa e que não pode, portanto, dar o bem pelo mal, o mal pelo bem. Sendo possuidor de tal conhecimento, ele saberá então, olhando para trás, para sua ignorância e cegueira, que sua vida é, e sempre foi, ordenada de forma justa, e que todas suas experiências passadas, boas ou más, foram o resultado de seu eu ainda em estado de evolução.

Boas ações e bons pensamentos nunca produzirão maus resultados; más ações e maus pensamentos jamais produzirão bons resultados. Isso é apenas dizer que nada nascerá do milho a não ser o milho, e nada da urtiga, a não ser urtiga. Os homens entendem essa lei no mundo natural e sabem trabalhá-la, mas poucos a entendem no quesito mental e moral (embora sua operação seja igualmente simples e inabalável) e, portanto, não cooperam com ela.

O sofrimento é sempre resultado de um pensamento ruim, de uma maneira ou de outra. É um indício de que o indivíduo está em desarmonia consigo mesmo, com a Lei do seu ser. A única utilidade do sofrimento é purificar, queimar tudo aquilo que é inútil e impuro. O sofrimento cessa para quem é puro. Não haveria nenhum outro objetivo em queimar ouro depois que a escória foi removida, e um ser perfeitamente puro e iluminado não poderia sofrer.

O EFEITO DO PENSAMENTO NAS CIRCUNSTÂNCIAS

As circunstâncias que um ser humano encontra quando sofre são resultado da sua própria desarmonia mental. As circunstâncias que o ser humano encontra na felicidade são resultado de sua própria harmonia mental. A felicidade, não os bens materiais, é a verdadeira medida do pensamento correto; a miséria, e não a falta de bens materiais, é a verdadeira medida do pensamento ruim. Um ser humano pode ser rico e infeliz; ele pode ser pobre e feliz. A felicidade e a riqueza só se unem quando as riquezas são gastas de forma justa e moral; o pobre só cai na miséria quando considera sua sorte um fardo imposto injustamente.

A indigência e indulgência são dois extremos da miséria. Ambas são igualmente antinaturais e resultam de transtornos mentais. Um ser humano não está devidamente condicionado até que ele esteja feliz, próspero e saudável; e a saúde, a prosperidade e a felicidade são resultado de um ajuste harmonioso do interior com o exterior, do ser humano com tudo que o cerca.

Um ser humano só começa a ser humano quando ele deixa de reclamar e insultar e começa a buscar pela justiça oculta que regula sua vida. E à medida que adapta sua mente a esse fator regulador, ele deixa de acusar os outros como causas de suas circunstâncias, e nutre por si só pensamentos fortes e nobres; deixa de reagir consta as circunstâncias, mas *começa a usá-las como auxílio* para acelerar seu progresso e como um meio de descobrir o poder e as possibilidades que vivem ocultos dentro de si mesmo.

Lei, e não confusão, é o princípio dominante do universo; justiça, e não injustiça, é a alma e substância da vida; e retidão, não corrupção, é a força motriz e moldadora que governa o mundo espiritual. Assim, o ser humano tem apenas que se corrigir para descobrir que o universo está correto; e, durante o processo de correção, ele descobrirá que, à medida que altera seus pensamentos em relação às coisas e às outras pessoas ao seu redor, as coisas e as pessoas melhorarão em relação a ele.

A prova dessa verdade está em cada pessoa e, portanto, admite fácil investigação por introspecção sistemática e autoanálise. Deixe um ser humano alterar radicalmente seus pensamentos e ele ficará surpreso com a rápida transformação que causará nas condições materiais de sua vida. O ser humano acredita que o pensamento pode ser mantido em segredo, mas não pode; ele, portanto, se cristaliza em hábito, e o hábito se solidifica em circunstância. Pensamentos irracionais se cristalizam em embriaguez e vulgaridade, que se solidificam em circunstâncias de miséria e doença; pensamentos impuros de todo tipo se cristalizam em hábitos enervantes e confusos, que se solidificam em circunstâncias adversas e perturbadoras; pensamentos de medo, dúvida e indecisão se cristalizam em hábitos fracos, inviris e irresolutos, que se solidificam em circunstâncias de fracasso, indigência e dependência servil; pensamentos preguiçosos se cristalizam em hábitos de impureza e desonestidade, que se solidificam em circunstâncias de imundice e mendicância; pensamentos odiosos e condenatórios se cristalizam em hábitos de acusação e violência, que se solidificam em circunstâncias de injúria e perseguição; pensamentos egoístas de todos os tipos se cristalizam em hábitos egoístas, que se solidificam em circunstâncias de angústia. Por outro lado, pensamentos belos de todos os tipos se cristalizam em hábitos de graça e gentileza, que se solidificam em circunstâncias geniais e ensolaradas; pensamentos puros se cristalizam em hábitos de temperança e autocontrole, que se solidificam em circunstâncias de repouso e paz; pensamentos corajosos e autoconfiantes se cristalizam em hábitos viris, que se solidificam em circunstâncias de sucesso, abundância e liberdade; pensamentos enérgicos se cristalizam em hábitos de limpeza e de iniciativa, que se solidificam em circunstâncias de agradabilidade; pensamentos de gentileza e perdão se cristalizam em hábitos de gentileza, que se solidificam em circunstâncias protetoras e preservadoras; pensamentos amorosos e altruístas se cristalizam em hábitos caridosos, que se solidificam uma prosperidade duradoura das riquezas mais verdadeiras.

Um tipo particular de pensamento constante, seja ele bom ou ruim, jamais vai deixar de produzir resultado no caráter e nas circunstâncias. Um ser humano pode não escolher diretamente suas circunstâncias, mas pode escolher seus pensamentos e, assim, indiretamente, moldar suas circunstâncias.

A natureza ajuda todo ser humano a satisfazer os pensamentos que ele mais encoraja, e as oportunidades que lhe são apresentadas sempre trarão à tona tanto os bons quanto os maus pensamentos.

Que um ser humano cesse seus pensamentos ruins, e o mundo inteiro ao seu redor se tornará mais gentil em relação a ele, e estará pronto para ajudá-lo; que ele afaste os pensamentos fracos e doentios, e eis que oportunidades surgirão em todos os lados para ajudar em suas resoluções; que encoraje bons pensamentos, e nenhum destino difícil o prenderá à miséria e à vergonha. O mundo é seu caleidoscópio, e as combinações variadas de cores, que a cada momento ele apresenta a você, são as imagens primorosamente ajustadas aos seus pensamentos em constante movimento.

Então, aquilo que queres, serás;
Deixa que o fracasso bem se contente
Com esse falso termo, ambiente;
O espírito, livre, ri sagaz.

No tempo e no espaço, ele manda;
Faz tremer esse patife, o Azar;
Força a Circunstância a abdicar
Da coroa; como escrava, ela anda.
A Vontade humana, invisível
Força, uma filha da Alma imortal,
Pode abrir, a qualquer fim, o portal
Através do granito acessível.
Não te aborreças com a demora,
Porém aguarda como quem entende;
Se o espírito se ergue e empreende
Os deuses já obedecem na hora.

capítulo

03

O EFEITO DO PENSAMENTO NA SAÚDE E NO CORPO

Pensamentos fortes, puros e
felizes constroem um corpo
com vigor e elegância.

O EFEITO DO PENSAMENTO NA SAÚDE E NO CORPO

O corpo é o servo da mente. Ele obedece às leis da mente, sejam elas deliberadamente escolhidas ou expressadas automaticamente. Às ordens de pensamentos ilícitos, o corpo decai e adoece; seguindo o comando de pensamentos alegres e belos, o corpo se reveste de juventude e beleza.

Doença e saúde, como circunstâncias, estão enraizadas no pensamento. Pensamentos doentios se expressam por meio de um corpo doentio. Pensamentos de medo são conhecidos por sua capacidade de matar um ser humano de forma tão rápida quanto uma arma, e continuam matando aos milhares com tanta certeza, embora com menos rapidez. As pessoas que vivem com medo da doença são as que mais a contraem. A ansiedade desmoraliza rapidamente todo o corpo e o deixa convidativo às doenças; enquanto pensamentos impuros, mesmo que não sejam tolerados fisicamente, logo destroem o sistema nervoso.

Pensamentos fortes, puros e felizes constroem um corpo com vigor e elegância. O corpo é um instrumento plástico e delicado, que responde prontamente aos pensamentos pelos quais é impresso, e a rotina do pensamento produzirá seus próprios efeitos sobre ele, sejam bons ou ruins.

Os seres humanos continuarão a ter o sangue impuro e envenenado enquanto propagarem pensamentos cruéis. De um coração limpo vem uma vida limpa e um corpo limpo. A mente contaminada produz uma vida contaminada, que produz um corpo corrompido. O pensamento é a fonte da iniciativa e da manifestação; torne a fonte pura, e tudo será puro.

Uma mudança de dieta não ajudará um ser humano que não muda seus pensamentos. Quando um ser humano torna seus pensamentos puros, ele não deseja mais alimentos impuros.

Pensamentos limpos criam hábitos limpos. O suposto santo que não lava seu corpo não é um santo verdadeiro. Aquele que purificou e fortaleceu seus pensamentos não precisa considerar maléfico o micróbio.

Se você deseja proteger seu corpo, proteja sua mente. Se você precisa rejuvenescer seu corpo, embeleze sua mente. Pensamentos de malícia, inveja, decepção, desânimo, roubam do corpo e da saúde e a elegância. Um rosto azedo não vem por acaso; ele provém de pensamentos azedos. Rugas que estragam são desenhadas por tolice, paixão e orgulho.

Eu conheço uma mulher de noventa e seis anos que tem o brilho e inocência de uma garotinha. Eu conheço um homem de meia idade cujo rosto de distorceu em desarmonia. Um é resultado de uma disposição doce e alegre, o outro é resultado da paixão e do descontentamento.

Assim como você não pode manter um lar doce e saudável a menos que deixe as janelas abertas para o sol entrar, um corpo forte e com semblante alegre e sereno só pode resultar da livre admissão de pensamentos de alegria, boa vontade e serenidade dentro da mente.

Nos rostos dos idosos, há rugas feitas pela simpatia, outras por pensamentos fortes e puros, e outros são encravados pela paixão: quem consegue distinguí-las? Com aqueles que viveram vidas justas, a velhice é calma e pacífica, como um sol poente. Recentemente, vi um filósofo em seu leito de morte. Ele não era velho, exceto em anos, e morreu tão doce e pacificamente quanto viveu.

Não há médico tão eficaz como o pensamento alegre para dissipar os males do corpo;

não há conforto que se compare à generosidade para dissipar as sombras da tristeza ou pesar. Viver continuamente com pensamentos de má vontade, cinismo, suspeita e inveja, é viver confinado em uma prisão construída por você mesmo. Mas pensar bem de todos, ser alegre com todos, aprender com paciência a encontrar bondade em tudo que lhe cerca, tais pensamentos altruístas são os próprios portais dos céus; e criar uma rotina de pensamentos de paz para com todas as criaturas trará paz abundante ao seu possuidor.

capítulo

04 PENSAMENTO E PROPÓSITO

Um ser humano deve nutrir um
propósito legítimo em seu coração,
e se esforçar para alcançá-lo.

Até que o pensamento esteja ligado ao propósito, nenhum feito será alcançado com inteligência. A maioria deixa a barca do pensamento à deriva no oceano da vida. A falta de objetivo é um vício, e tal deriva não deve continuar para aquele que deseja se afastar da catástrofe e da destruição.

Aqueles que não têm um propósito central na vida se tornam presas fáceis de preocupações mesquinhas, medos, problemas e autopiedade, todos os quais são indicação de fraqueza, que levam, com tanta certeza quanto pecados deliberadamente planejados (embora por um caminho diferente), ao fracasso, à infelicidade e à perda, pois a fraqueza não pode persistir em um universo de poder em evolução.

Um ser humano deve nutrir um propósito legítimo em seu coração, e se esforçar para alcançá-lo. Ele deve fazer desse propósito o ponto central de todos seus pensamentos. Pode assumir a forma de um ideal espiritual, ou pode ser um objetivo mundano, de acordo com sua natureza no momento; mas seja qual for, ele deve concentrar toda sua força de pensamento no objetivo que colocou diante de si. Ele deve tornar esse propósito o seu dever supremo, e deve se dedicar por completo à sua realização, não permitindo que seus pensamentos se desviem para fantasias, anseios e imaginações efêmeras. Esta é a estrada real para o autocontrole e a verdadeira concentração de pensamento. Mesmo que o ser humano falhe muitas vezes em cumprir o seu propósito (como ele necessariamente falhará até que supere suas fraquezas), a *força de caráter* adquirida no processo será régua de *seu verdadeiro sucesso*, e isso formará um novo ponto de partida para o poder e o triunfo futuros.

Aqueles que não estão preparados para o sentimento de apreensão de um *grande* propósito devem fixar seus pensamentos no desempenho impecável de seu dever, não importa o quão insignificante sua tarefa pareça ser. Apenas dessa maneira os pensamentos pode ser reunidos e focados, e a resolução e energia podem ser desenvolvidas; uma vez que isso seja feito, não haverá nada que não possa ser realizado.

A mais fraca alma, tendo conhecimento de sua própria fraqueza, e acreditando na verdade de que a força só pode ser desenvolvida com esforço e hábito, assim crendo, começará a se esforçar de imediato e, adicionando esforço a esforço, paciência a paciência e força a força, nunca deixará de se desenvolver, e continuará se tornando cada vez mais divinamente forte.

Assim como a pessoa fisicamente fraca pode se tornar forte por meio de treinamento cuidadoso e paciente, uma pessoa de pensamentos fracos pode fortalecê-los ao exercitar pensamentos corretos.

Deixar de lado a fraqueza e a falta de objetivos, e começar a pensar com propósito, é entrar na hierarquia dos fortes que reconhecem o fracasso como um dos caminhos para a realização; que fazem todas as condições servirem a eles; que pensam com obstinação; que tentam sem medo e realizam com maestria.

Tendo concebido seu propósito, o ser humano deve traçar mentalmente um caminho direto a sua realização, sem olhar nem para a direita, nem para a esquerda. Medos e dúvidas deverão ser ignorados; eles são elementos desintegradores, que quebram toda exatidão do esforço, tornando-a torta, ineficaz, inútil. Pensamentos de dúvida e medo nunca realizarão nada, e nunca poderão. Eles sempre levam ao fracasso. Propósito, energia, vontade de agir, todos pensamentos fortes deixam de existir quando se abre espaço para o medo e a dúvida.

A vontade de agir brota do conhecimento de que todos nós *podemos*. Medo e dúvida são os maiores inimigos do conhecimento, e aquele que os encoraja, aquele que não os destrói, desgasta a si mesmo a cada passo.

Aquele que derrotou a dúvida e o medo derrotou também o fracasso. Cada pensamento é um aliado forte, e todas as dificuldades são corajosamente enfrentadas e sabiamente superadas. Seus propósitos são bem plantados, florescem e produzem frutos que não caem jamais prematuramente no chão.

O pensamento aliado de forma destemida ao propósito se torna uma força criadora; ele *sabe* que está pronto para se tornar mais forte do que um mero feixe de pensamentos vacilantes e sensações incertas; aquele que *faz* isso se tornou o portador sábio e consciente de seus poderes mentais.

Aqueles que não estão preparados para o sentimento de apreensão de um grande propósito devem fixar seus pensamentos no desempenho impecável de seu dever, não importa o quão insignificante sua tarefa pareça ser.

capítulo

05 O FATOR PENSAMENTO NAS REALIZAÇÕES

Aquele que conquistou a fraqueza
e afastou todos os pensamentos
egoístas não pertence nem ao
opressor nem ao oprimido.
Ele é livre.

O FATOR PENSAMENTO NAS REALIZAÇÕES

Tudo o que um ser humano alcança e tudo que ele deixa de alcançar é o resultado direto de seus pensamentos. Em um mundo justo, onde a perda de equilíbrio significaria destruição total, a responsabilidade individual deve ser absoluta. A força e a fraqueza de um ser humano, assim como a pureza e a impureza, são suas e não de outro; elas são provocadas por ele mesmo, e não por outro; e só podem ser mudadas por si mesmo, nunca por outro. Sua condição também é só sua, e não de outro ser humano. Seu sofrimento e sua felicidade nascem de si mesmo. Ele é o que ele pensa, e continuará sendo tudo que pensar.

Um ser humano forte não pode ajudar uma pessoa fraca a não ser que ela fraca *queira* ser ajudada, e, mesmo assim, a pessoa fraca precisa se fortalecer sozinha; ela deve, pelo seu próprio esforço, fazer crescer em si a força que admira no outro. Ninguém além dela mesmo pode mudar sua condição.

Tem sido muito comum pessoas pensarem e dizerem que muitos são oprimidos porque há um opressor, vamos então odiar o opressor. Agora, no entanto, há também outras que têm a tendência de reverter esse pensamento e dizer: Uma pessoa é opressora porque muitos se permitem oprimir, desprezemos então os oprimidos.

A verdade é que o opressor e o oprimido são cooperadores na ignorância e, embora pareçam afligir um ao outro, na realidade estão afligindo a si mesmos. Um Conhecimento perfeito percebe a ação da lei na fraqueza do oprimido e no poder mal aplicado do opressor; um Amor perfeito, vendo o sofrimento que ambos os estados acarreta, não condena nem um, nem o outro; uma Compaixão perfeita abraça tanto o opressor quanto o oprimido.

Aquele que conquistou a fraqueza e afastou todos os pensamentos egoístas não pertence nem ao opressor nem ao oprimido. Ele é livre.

Um ser humano só consegue se erguer e conquistar objetivos ao elevar seus pensamentos. Ele só consegue permanecer fraco, abjeto e miserável se recusando a elevar seus pensamentos.

Antes que um ser humano possa alcançar qualquer coisa, mesmo as coisas mundanas, ele precisa elevar seus pensamentos acima da indulgência animal. Ele não pode, para ter sucesso, desistir de toda animalidade e egoísmo, de forma alguma; mas uma parte disso deve, pelo menos, ser sacrificada. Um ser humano cujo primeiro pensamento é de indulgência desmedida não poderia pensar claramente nem planejar metodicamente; ele não poderia encontrar seus recursos latentes, e falharia em qualquer empreendimento. Não tendo começado, com coragem, a controlar seus pensamentos, ele não está em posição de liderar negócios e adotar responsabilidades sérias. Ele não está apto para agir de forma independente, mas é limitado apenas pelos pensamentos que escolhe ter.

Não haverá progresso, nem conquista, sem sacrifício, e o sucesso mundano do ser humano ocorrerá à medida que ele sacrifica seus confusos pensamentos animais, e fixa sua mente no desenvolvimento de seus planos e no fortalecimento de sua resolução e autoconfiança. E quanto mais eleva seus pensamentos, mais viril, íntegro e justo ele se torna, maior será seu sucesso, mais abençoadas e duradoras serão suas conquistas.

O universo não favorece os gananciosos, os desonestos, os viciosos, embora na superfície possa às vezes parecer; ele favorece os honestos, os magnânimos, os virtuosos. Todos os grandes Mestres da história declararam isso de uma forma ou de outra, e para provar e saber disso, o ser humano tem que apenas persistir em se tornar mais virtuoso, elevando sempre seus pensamentos.

As conquistas intelectuais são resultado de um pensamento consagrado à busca por conhecimento, ou por tudo que é belo e verdadeiro na natureza e na vida. Tais conquistas às vezes podem estar conectadas com vaidade e ambição, mas não são o resultado dessas características; são o resultado natural de um longo e árduo esforço, e de pensamentos puros e altruístas.

As conquistas espirituais são a consumação de aspirações sagradas. Aquele que vive constantemente na construção de pensamentos nobres e elevados, que se imerge em tudo que é puro e altruísta, vai, tão certamente quanto o sol atinge seu zênite e a lua, sua forma cheia, tornar-se sábio e nobre de caráter, e ascender a uma posição de influência e alegria.

Conquistas, de qualquer tipo, são a coroa do esforço, o diadema do pensamento. Com ajuda do autocontrole, resolução, pureza, retidão e pensamento bem direcionado, o ser humano ascenderá; com ajuda de pensamentos animalísticos, indolentes, impuros e corruptos, o ser humano entra em ruína.

Um ser humano pode ascender ao sucesso no mundo, e até mesmo a altitudes elevadas no reino espiritual, e novamente descer à fraqueza e à miséria ao permitir que pensamentos arrogantes, egoísta e corruptos tomem posse dele.

As vitórias alcançadas pelos pensamentos corretos só podem ser mantidas pela vigilância. Muitos cedem quando o sucesso é garantido, e rapidamente voltam ao fracasso.

O FATOR PENSAMENTO NAS REALIZAÇÕES

Todas as conquistas, sejam elas nos negócios, ou no âmbito intelectual ou espiritual, são resultados de pensamentos bem direcionados, e são governadas pela mesma lei e são do mesmo método; a única diferença está no *objeto da realização*.

Aquele que deseja realizar pouco deve sacrificar pouco; aquele que deseja alcançar muito deve sacrificar muito; aquele que deseja alcançar mais, precisa sacrificar mais.

capítulo

06

VISÕES E IDEAIS

Sonhe sonhos elevados e, enquanto sonha, elevado você se tornará. Sua Visão é a promessa do que você será um dia; seu Ideal é a profecia do que você finalmente revelará.

VISÕES E IDEAIS

Os sonhadores são os salvadores do mundo. Assim como o mundo visível é sustentado por tudo aquilo que é invisível, os seres humanos, através de todas suas tribulações e pecados e vocações sórdidas, são nutridos pelas idealizações belas de seus sonhadores solitários. A humanidade não pode esquecer seus sonhadores; não pode deixar que seus ideais desapareçam e morram, ela vive neles; os conhecem como as *realidades* que um dia verá e viverá.

Compositores, escultores, pintores, poetas, profetas, sábios, estes são os criadores do além, os arquitetos dos céus. O mundo é belo porque eles viveram; sem eles, a humanidade trabalhadora pereceria.

Aquele que nutre uma visão bela, um ideal elevado em seu coração, vai um dia realizá-lo. Colombo nutria avistar um novo mundo e o encontrou; Copérnico fomentou a visão da multiplicidade do mundos e de um universo mais amplo, e o revelou; Buda contemplou a visão de um mundo espiritual de imaculada beleza, e entrou nele.

Aprecie suas visões, nutra seus ideais; aprecie a música que toca seu coração, a beleza que se forma em sua mente, o esplendor que envolve seus pensamentos mais puros, pois deles farão crescer todas as mais deliciosas condições, todo ambiente celestial; a partir deles, se você lhes permanecer fiel, seu mundo será finalmente construído.

Desejar é obter, buscar é alcançar. Os desejos mais básicos do ser humano receberão a medida mais completa de gratificação, e suas aspirações mais puras morrerão de fome por falta de sustento? Esta não é a Lei: tal condição das coisas nunca pode ser obtida: peça e receba'.

Sonhe sonhos elevados e, enquanto sonha, elevado você se tornará. Sua Visão é a promessa do que você será um dia; seu Ideal é a profecia do que você finalmente revelará.

A maior conquista foi a princípio, por um tempo, um sonho. O carvalho dorme na semente; o pássaro espera no ovo, e, na visão mais elevada de uma alma, um anjo desperto se agita. Sonhos são sementes da realidade.

Suas circunstâncias podem ser desagradáveis, mas elas não permanecerão assim por muito tempo se você descobre seu Ideal e se esforça para alcançá-lo. Você não pode viajar para dentro e ficar parado do lado de fora. Aqui está um jovem destituído pela pobreza e pela labuta; confinado por longas horas em uma oficina insalubre; sem instrução e sem todas as artes do refinamento. Mas ele sonha com uma realidade melhor; ele sonha com inteligência, com refinamento, com graça e beleza. Ele concebe e constrói mentalmente uma condição de vida ideal; a visão de uma liberdade mais ampla e uma perspectiva maior toma posse dele; a inquietude o impulsiona a agir, e ele passa a usar todo seus recursos e seu tempo livre, por menores que sejam, para desenvolver sua força e seus recursos latentes. Logo, sua mente se tornou tão alterada que a oficina já não pode mais aprisioná-lo. Sua mente está tão em desarmonia com aquele ambiente que pode jogá-lo fora como se fosse uma roupa velha, e, com o crescimento de oportunidades, que se encaixam com o escopo de seus poderes em expansão, ele sai da oficina para sempre. Anos depois, vemos esse jovem como um homem já feito. Nós o encontramos um mestre de certas forças da mente, que ele exerce com influência mundial e poder quase inigualável. Em suas mãos, ele segura as cordas de responsabilidades gigantescas; ele fala, e eis que vidas são mudadas; homens e mulheres se apegam a suas palavras e reconstroem seus caracteres, e, como o sol, ele se torna o centro fixo em qual inúmeros destinos orbitam. Ele realizou a Visão de sua juventude. Ele se tornou o seu Ideal.

E você também, jovem leitor, realizará a Visão (e não o desejo mundano) de seu coração, seja ela vil ou bela, ou uma mistura de ambas, pois você sempre gravitará em direção àquilo que você mais ama. Seus resultados estarão em suas mãos; você receberá aquilo que merecer; nem mais, nem menos. Sejam quais forem suas circunstâncias atuais, você cairá, permanecerá ou se levantará com seus pensamentos, sua Visão, seu Ideal. Você se tornará tão pequeno quanto seu desejo controlador; tão grandioso quanto sua aspiração mais dominante: nas belas palavras de Stanton Kirkham Davis, Você pode manter registros, e agora você sairá pela porta que por tanto tempo lhe pareceu ser a barreira de seus ideais, e se encontrará adiante uma plateia; a caneta ainda atrás da orelha, as manchas de tinta nos dedos, e então ali derramará a torrente de sua imaginação. Você pode estar conduzindo ovelhas, e você vagará pela cidade, bucólico e de boca aberta; vagará sob orientação intrépida do espírito para o ateliê do mestre, e depois de um tempo ele dirá: 'Não tenho mais nada a lhe ensinar'. E agora você se tornou o mestre, que tão recentemente nutria sonhos grandiosos enquanto conduzia ovelhas. Você largará a serra e a plaina para tomar nas suas mãos a regeneração do mundo.

Os irrefletidos, os ignorantes e os indolentes, vendo apenas os resultados das coisas e não as coisas em si, falam de sorte, fortuna e acaso. Ao ver uma pessoa enriquecer, dizem: Que sortuda!. Observando outra se tornar uma intelectual, eles exclamam: Que favorecida ela é!; E notando o caráter santo e a ampla influência da outra, bradam: Como o acaso a ajuda em todos momentos!. Eles não veem as provações, fracassos e lutas que essas pessoas enfrentaram voluntariamente para ganhar experiência; não têm conhecimento dos sacrifícios que fizeram, dos esforços destemidos que empreenderam, da fé que exerceram, para que pudessem superar o que antes parecia intransponível, e concretizar a Visão em seus corações. Eles não conhecem a escuridão e a mágoa; só veem a luz e alegria, e a chamam de sorte. Eles não veem a longa e árdua jornada, mas apenas contemplam o objetivo agradável que chamam de ventura, não entendem o processo e o chamam de acaso.

Em todos os assuntos humanos há *esforços*, e há *resultados*, e a força do esforço é a medida do resultado. O acaso não é. Dons, poderes, posses materiais, intelectuais e espirituais são frutos do esforço; são pensamentos concretizados, objetos criados, visões realizadas.

A Visão que você glorifica em sua mente, o Ideal que você coroa em seu coração — é por eles que você construirá sua vida, é como eles que você se tornará.

Eles não veem as provações, fracassos e lutas que essas pessoas enfrentaram voluntariamente para ganhar experiência; não têm conhecimento dos sacrifícios que fizeram, dos esforços destemidos que empreenderam, da fé que exerceram, para que pudessem superar o que antes parecia intransponível, e concretizar a Visão em seus corações.

capítulo

07

SERENIDADE

Quanto mais tranquila a pessoa se torna, maior é seu sucesso, sua influência, sua capacidade de fazer o bem.

A tranquilidade da mente é uma das mais belas joias da sabedoria. É o resultado de esforço paciente e contínuo de autocontrole. Sua presença é o indicativo de uma experiência amadurecida, e de um conhecimento acima do comum a respeito das leis de funcionamento do pensamento.

Um ser humano se torna tranquilo à medida que entende a si próprio como um ser evoluído, pois tal conhecimento vem da compreensão dos outros como resultado do pensamento, e à medida que ele desenvolve uma compreensão correta, e vê mais e mais claramente as relações internas das coisas através da ação da causa e efeito, ele deixa de se agitar, fumegar, se preocupar e lamentar, e permanece equilibrado, firme e sereno.

A pessoa tranquila, tendo aprendido a se governar, sabe como se adaptar aos outros; e os outros, por sua vez, reverenciam sua força espiritual, e sentem que podem aprender e confiar nela. Quanto mais tranquila a pessoa se torna, maior é seu sucesso, sua influência, sua capacidade de fazer o bem. Até mesmo um comerciante comum verá seus negócios prosperar à medida que desenvolve autocontrole e equanimidade, pois as pessoas sempre preferiram um líder cujo o comportamento é forte e equilibrado.

Uma pessoa forte e calma sempre será amada e reverenciada. Essa pessoa será como uma árvore que dá sombra em uma terra sedenta, ou a rocha protetora em uma tempestade. Quem não ama um coração tranquilo, uma vida doce e equilibrada? Não importa se faça chuva ou faça sol, ou quais mudanças acontecem para aqueles que possuem essas bênçãos, pois elas sempre serão doces, serenas e calmas. Esse elegante equilíbrio de caráter, que chamamos de serenidade, é a última lição da cultura, o florescer do fruto da alma. É precioso como sabedoria, mais desejável que o ouro — sim, até mesmo mais desejável que ouro puro. Que insignificante parece a mera busca por dinheiro em comparação a uma vida serena — a vida que habita o oceano da Verdade, sob as ondas, para além do alcance das tempestades, na Tranquilidade Eterna!

Quantas pessoas conhecemos que azedam as próprias vidas, que arruínam tudo que é doce e belo ao agir com um temperamento explosivo, que destroem seu equilíbrio de caráter, que causam um mau estado de espírito! É uma questão se a grande maioria das pessoas não arruína suas vidas e estraga sua felicidade por falta de autocontrole. Quão poucas pessoas encontramos na vida que são bem equilibradas, que têm aquele equilíbrio elegante característico de um caráter bem formado!

Sim, a humanidade explode com paixão descontrolada, é tumultuada por tristezas descontroladas, é derrubada por ansiedade e dúvida; somente o ser humano sábio, somente aquele cujos pensamentos são controlados e purificados, faz com que os ventos e as tempestades da alma lhe obedeçam.

Almas arremessadas pela tempestade, onde quer que estejam, sob quaisquer circunstâncias em que vivem, saibam disso no oceano da vida, as ilhas da Felicidade estão sorrindo, e a costa ensolarada do seu ideal aguarda a sua chegada. Mantenha sua mão firme no leme do pensamento. Na barca da alma reclina-se o Mestre comandante; Ele apenas dorme: acorde-o. Autocontrole é força; Pensamento Correto é sabedoria; Calma é poder. Diga ao seu coração: fique em paz!